Shopify dropshipping para aficionados 2024

El manual completo de Shopify de dropshipping que proporciona una guía completa para construir un negocio de dropshipping exitoso desde el lanzamiento hasta el éxito a largo plazo.

Anna P. Moore

2

Tabla de contenido

Capítulo uno

Comprender el modelo de negocio y el potencial del dropshipping

1.1. ¿Qué es exactamente el dropshipping?

La primera parte del capítulo proporciona una definición de dropshipping, que es una técnica de cumplimiento minorista en la que usted, como propietario de la tienda, no posee físicamente la mercancía que vende. Por otro lado, cuando un consumidor realiza un pedido en su tienda online, usted asume el papel de intermediario y envía los detalles de la compra y la información del cliente a un proveedor externo. Después de eso, este proveedor empaquetará los productos y los enviará directamente a su cliente, después de lo cual se encargará de toda la logística asociada con el almacenamiento, el cumplimiento y el envío.

1.2 Las ventajas del envío directo son las siguientes:

La siguiente sección del capítulo profundiza en los principales beneficios del dropshipping, que son las razones por las que es una opción atractiva para muchos propietarios de negocios ambiciosos, particularmente aquellos que recién están comenzando en el campo del comercio electrónico:

Baja inversión inicial requerida: Se necesita muy poca inversión inicial, que es uno de los aspectos más atractivos del dropshipping. Cuando se trata de adquirir mercancías, contratar espacio de almacén o manejar la logística de envío, no es necesario gastar mucho en estas actividades. Esto le permite establecer su empresa con menos riesgo y probar productos alternativos sin una inversión financiera sustancial.

Escalabilidad: El dropshipping tiene importantes posibilidades de escalamiento. A medida que su empresa se expande, no tendrá que preocuparse por manejar más inventario o cumplir con los pedidos usted mismo. Sus proveedores gestionan el crecimiento de la demanda, lo que le permite desarrollar su empresa de forma eficaz y concentrarse en el marketing y el servicio al cliente.

Amplia gama de productos: A diferencia de los establecimientos minoristas típicos limitados por el área física, el dropshipping le permite ofrecer una gran variedad de artículos. Simplemente puede agregar o eliminar productos de su tienda según las tendencias del mercado y las preferencias del cliente, lo que le ofrece flexibilidad y agilidad adicionales.

Independencia de ubicación: La brillantez del dropshipping reside en su libertad geográfica. Puede operar su empresa desde cualquier parte del mundo con una conexión a Internet, lo que le permite mayor flexibilidad y libertad de estilo de vida.

1.3. Comprender el panorama del dropshipping:

El capítulo no rehuye ofrecer una imagen realista del panorama del dropshipping. Explica los numerosos actores involucrados en el proceso, entre ellos:

Dropshippers: Usted, el propietario de la tienda, opera la tienda en línea y maneja las partes del negocio orientadas al cliente.

Proveedores: Estas empresas externas mantienen el inventario, empaquetan y envían los artículos directamente a sus consumidores. *

Clientes: Como elemento vital de toda empresa, usted satisface sus demandas ofreciendo una tienda en línea fácil de usar y un servicio al cliente excepcional.

1.4. La importancia de la investigación de mercado y la selección de nichos:

El capítulo subraya la necesidad de realizar una investigación de mercado rigurosa en el dropshipping. Ilustra cómo establecer un nicho de mercado exitoso es vital para el éxito. Centrarse en un grupo demográfico objetivo particular con requisitos y preferencias distintos le ayuda a ajustar su oferta de productos, técnicas de marketing e identidad de marca general para conectarse con ellos con éxito.

1.5. Posibles desafíos y consideraciones:

Ninguna estrategia empresarial está exenta de obstáculos y el dropshipping no es una excepción. El capítulo destaca ciertas limitaciones que deberá conocer y gestionar de forma eficaz:

márgenes de beneficio más pequeños: Debido a la participación de muchas partes, los márgenes de beneficio en el dropshipping tienden a ser menores en comparación con los modelos minoristas típicos. Esto exige técnicas de marketing eficaces y un mayor volumen de ventas para lograr rentabilidad.

Competencia: El espacio del dropshipping se está volviendo extremadamente competitivo. El capítulo subraya la necesidad de distinguir su empresa a través de ofertas de productos únicas, excelente servicio al cliente y técnicas de marketing exitosas.

Control limitado sobre el cumplimiento: Dado que depende de proveedores externos para el cumplimiento, tiene menos control sobre la calidad del producto, los retrasos en la entrega y la experiencia general del cliente. Encontrar proveedores competentes y confiables con una sólida trayectoria es vital para reducir estos riesgos.

1.6. ¿Es el dropshipping adecuado para usted?

El capítulo finaliza ayudándote con algunas preguntas de autorreflexión para examinar si el dropshipping se corresponde con tus objetivos y ambiciones. Subraya la importancia de examinar su tolerancia al riesgo, los recursos disponibles y el nivel de compromiso antes de comenzar esta aventura empresarial.

Al conocer los principios del dropshipping, estudiar sus ventajas y limitaciones y completar una investigación de mercado exhaustiva, estará bien equipado para llegar a una conclusión fundamentada sobre si este modelo de negocio es la mejor opción para usted. Esta introducción exhaustiva lo prepara para el siguiente capítulo, que profundiza en el proceso de cumplimiento de pedidos de dropshipping y establece el marco para desarrollar su exitosa empresa de comercio electrónico.

Shopify es una de varias opciones para crear una tienda en línea, pero se ha convertido en la opción preferida para muchos emprendedores que se aventuran en el comercio electrónico.

Comprender Shopify y sus beneficios para el dropshipping

Shopify es una plataforma fácil de usar que permite a las personas establecer una tienda en línea sin necesidad de conocimientos de programación. Es rentable y ofrece una amplia personalización para lograr la estética deseada para su sitio. Estas son las razones clave por las que Shopify es una de las mejores opciones para dropshipping:

1. Versatilidad de Shopify
Shopify cuenta con una notable versatilidad, lo que permite una fácil personalización de su sitio web. Con una interfaz sencilla, puedes:

- Introducir categorías de productos.
- Crea entradas de blog
- Agregar nuevas páginas
- Modificar secciones
- Incorporar banners de héroes o segmentos de vídeo.

La plataforma te otorga la libertad de diferenciar tu tienda, independientemente del tema elegido.

2. Rentabilidad de Shopify

A partir de la última actualización, la tarifa mensual de Shopify es de $29, lo que te otorga acceso a una tienda de dropshipping completamente operativa con cargas ilimitadas de productos. Este plan también incluye:

- Canales de venta adicionales como Facebook
- Generación de códigos de cupón.
- Un certificado SSL para su sitio
- Herramientas de automatización de marketing.
- Capacidades de integración con otras plataformas.
- Opciones de envío y precios automatizados

Además, el Plan Básico admite varias pasarelas de pago, incluidas Stripe y PayPal, lo que simplifica el proceso de transacciones en línea.

3. Abundancia de aplicaciones de Shopify

El mercado de aplicaciones de Shopify alberga miles de aplicaciones para mejorar la funcionalidad y el diseño de tu tienda, como:

- Aplicaciones promocionales para ofertas como ofertas de compre uno y llévese otro.
- Herramientas de marketing por correo electrónico.
- Aplicaciones para reseñas de productos con carga de imágenes o videos.

Si bien Shopify ofrece una multitud de aplicaciones, es recomendable que los recién llegados al dropshipping se concentren inicialmente en las opciones gratuitas antes de invertir en suscripciones pagas.

A pesar de la presencia de plataformas alternativas como WooCommerce, BigCommerce, Ecwid, Squarespace y otras, Shopify sigue siendo una opción preferida debido a su simplicidad y rapidez a la hora de configurar una tienda de dropshipping.

Cómo funciona Shopify

Construirás una tienda en línea usando Shopify, donde podrás cargar detalles de productos, imágenes y establecer tarifas de envío. Este proceso se puede automatizar con varias aplicaciones que facilitan la importación de productos y otros detalles necesarios en tu tienda Shopify.

La rentabilidad del dropshipping de Shopify

El dropshipping con Shopify puede ser bastante rentable con costos generales mínimos, principalmente la suscripción mensual de $29. Por ejemplo, vender una camiseta adquirida por $9,95 al proveedor a $29,95 en su tienda genera una ganancia de $20 por camiseta. Vender 50 camisetas al mes daría como resultado una ganancia bruta de 1.000 dólares. Después de deducir la tarifa de suscripción, el beneficio neto asciende a 975 dólares.

Incluso si las ventas son lentas inicialmente, el bajo gasto mensual lo convierte en un riesgo manejable, especialmente en comparación con los gastos discrecionales diarios como la compra de café.

Pasos para comenzar a hacer dropshipping con Shopify

Para establecer tu negocio de dropshipping en Shopify, sigue estos pasos de alto nivel:

1. Establecer una identidad de marca y un nicho

Primero, determine la identidad de su marca y seleccione un nicho de mercado. Esto involucra:

- Asegurar un nombre de dominio
- Creando un logotipo
- Diseñar un favicon

Su dominio debe reflejar el nombre de su empresa y ser memorable. Una vez adquirido, intégralo con tu tienda Shopify y contrata a un diseñador o utiliza herramientas en línea para tu logotipo y favicon.

2. Configura tu tienda Shopify

Regístrate para obtener una cuenta de Shopify y opta por el Plan Básico. Las configuraciones iniciales importantes incluyen:

- Configurar la moneda de tu tienda
- Creación de colecciones de productos.
- Habilitación de tarjetas de regalo.

- Configuración de pasarelas de pago y canales de venta.
- Ingresar detalles comerciales

Explore todas las configuraciones a fondo para adaptar su tienda a sus necesidades.

3. Crea páginas esenciales
Desarrolle páginas estándar para su sitio web, tales como:

- Sobre nosotros
- Términos y condiciones
- Política de envío y reembolso
- Política de privacidad

Las plantillas están disponibles en línea para estos documentos; personalícelos para adaptarlos a su negocio.

4. Personaliza tu tema
Elige entre temas gratuitos o pagos en Shopify y personaliza el tema elegido para alinearlo con la guía de estilo de tu marca, que incluye combinaciones de colores, fuentes y otros elementos de marca.

5. Instalar aplicaciones
Mejora tu tienda con aplicaciones del mercado de Shopify, enfocándote en aquellas que ofrecen el mayor valor. Inicialmente, opte por aplicaciones gratuitas para mantener bajos los costos.

En resumen, si bien Shopify se encuentra entre muchas plataformas de comercio electrónico, su facilidad de uso, asequibilidad y su amplio ecosistema de aplicaciones la convierten en una opción atractiva para los emprendedores, particularmente en el ámbito del dropshipping.

Considere incorporar las siguientes categorías de aplicaciones esenciales:

- Una herramienta de importación de productos, como Spocket.
- Una herramienta de investigación de productos, como Dropship.IO.
- Aplicaciones para ofrecer descuentos y cupones.
- Aplicaciones para paquetes de productos o promociones compre uno y llévese otro.
- Aplicaciones de marketing por correo electrónico.
- Aplicaciones que brindan prueba social.
- Aplicaciones de recuperación de carritos abandonados.

Inicialmente, priorice las aplicaciones relacionadas con el marketing, ya que desempeñan un papel crucial en la generación de ventas y conversiones para su tienda. Sin embargo, tenga cuidado de no sobrecargar su tienda con demasiadas aplicaciones, ya que esto puede ralentizar significativamente el rendimiento de su sitio web.

6. Importar productos a su tienda

Cuando esté listo para agregar productos a su tienda, considere los siguientes pasos:

- Estandariza la presentación de tus productos.
- Configurar la automatización de precios en Shopify, decidiendo si agregar una tarifa fija o un margen porcentual a todos los productos.
- Identificar productos que puedan necesitar imágenes o descripciones mejoradas.

Después de importar, categorice sus productos en colecciones, como colocar todos los zapatos de cuero en una colección "Zapatos de cuero". Luego deberá editar manualmente las páginas de productos para garantizar la coherencia entre las descripciones de diferentes proveedores.

7. Lanzamiento y comercialización de su tienda Shopify Dropshipping

Antes de lanzar su tienda, realice una compra de prueba para asegurarse de que todo funcione correctamente. Cierra sesión en tu cuenta de Shopify y realiza una compra como lo haría un cliente. Solicite el producto a su proveedor y envíelo a su dirección para experimentar el recorrido completo del cliente e identificar cualquier problema.

Una vez que todo esté verificado, podrá concentrarse en crear contenido para las redes sociales y planificar su cronograma de publicaciones. Con una sólida estrategia de marketing implementada, estará listo para iniciar su negocio.

Elegir un producto ganador para dropshipping

Seleccionar un producto de dropshipping exitoso requiere una consideración cuidadosa. Esto es lo que debe buscar:

1. Demanda del Mercado: Verificar el volumen de ventas del producto para medir el interés y la demanda.

2. Calidad del producto: Asegúrese de que la calidad del producto justifique su precio de venta.

3. Detalles de envío: evalúe la velocidad de envío, la cobertura internacional y los costos del proveedor.

4. Competencia en el mercado: utilice herramientas para comprobar cuántos otros dropshippers venden el mismo producto.

Comercialización de su tienda Shopify Dropshipping

Hay tres estrategias de marketing principales para tu tienda Shopify:

- Blogs y SEO: utiliza la función de blogs de Shopify para publicar artículos informativos y mejorar tu SEO.
- SEM y publicidad: pague para que los anuncios de los motores de búsqueda aparezcan en la parte superior de los resultados de búsqueda para palabras clave específicas.
- Publicación en redes sociales: publique contenido periódicamente en plataformas de redes sociales para interactuar con su audiencia.

Elija el enfoque de marketing que se ajuste a su presupuesto y experiencia para promocionar eficazmente su tienda.

Marketing en motores de búsqueda (SEM) y publicidad

SEM es una forma especializada de publicidad que se limita a los motores de búsqueda. Considere el siguiente ejemplo:

Al buscar "drones a la venta en los Estados Unidos" en Google, la primera lista que aparece es un anuncio pago de Aquidneck Aerials, lo que indica que han invertido en su visibilidad para este término de búsqueda específico.

El resultado es que los usuarios, incluido yo mismo, pueden hacer clic en este anuncio destacado, lo que nos lleva a la página de destino del anunciante. Sin embargo, tras una inspección más cercana, queda claro que la empresa no vende drones sino que ofrece servicios de fotografía aérea. Esto ilustra una desalineación entre la orientación por palabras clave y las ofertas de servicios reales, lo que supone un uso ineficiente de los recursos publicitarios. Es fundamental alinear sus esfuerzos publicitarios de Google con palabras clave que reflejen con precisión las ofertas de su negocio.

Cuando se trata de publicidad en redes sociales, la selección de la plataforma debe ser estratégica, en función de dónde están más activos los clientes potenciales de su producto:

- Instagram es óptimo para productos como lápiz labial, maquillaje y artículos de salud y belleza.
- TikTok es adecuado para entretenimiento, juegos y contenido relacionado con pasatiempos.
- Facebook es versátil y puede albergar una amplia gama de productos.

Recuerde, la publicidad requiere inversión. Una vez gasté $1000 sin obtener ganancias, por lo que es importante proceder con cuidado, aprender estrategias publicitarias efectivas y aumentar gradualmente sus gastos.

Marketing de medios sociales

La comercialización de sus productos en las redes sociales se puede realizar mediante publicaciones periódicas, similares a los blogs, pero en plataformas sociales. Elija la plataforma adecuada según la categoría de su producto y concéntrese en compartir contenido revelador, educativo o entretenido en lugar de mensajes de marketing abiertos.

Por ejemplo, muestre su dron en acción a través de un video que destaque la experiencia y la diversión que puede brindar, en lugar de simplemente enumerar sus características. El contenido que entretiene y atrae emocionalmente tiene más probabilidades de generar interacción y generar ventas.

Dropshipping en Shopify y otras plataformas

El dropshipping con AliExpress requiere el uso de una herramienta que te conecte con proveedores en la plataforma. Spocket y CJDropshipping son dos opciones recomendadas.

Para los principiantes que buscan realizar envíos directos en Shopify, es recomendable ver tutoriales completos sobre cómo configurar una tienda Shopify. También puedes considerar comprar una tienda prefabricada.

El dropshipping en Shopify no es gratuito; Después de una prueba de 7 días, deberás elegir un plan de suscripción.

Para realizar envíos directos en Amazon, integre su tienda Shopify con su cuenta de vendedor de Amazon o utilice una herramienta como Spocket directamente con Amazon.

Hacer dropshipping en Shopify sin fondos iniciales no es factible; Espere invertir una tarifa mensual mínima.

Para aquellos interesados en realizar dropshipping con Alibaba, que es principalmente una plataforma mayorista, pueden coordinarse con CJDropshipping para conectarse con proveedores de Alibaba para su tienda Shopify.

Para comenzar a realizar dropshipping en Shopify, identifica productos para vender desde plataformas compatibles con Shopify, crea tu tienda e importa los productos elegidos.

¿Vale la pena hacer dropshipping en Shopify? Absolutamente, ya que la inversión mensual es relativamente baja en comparación con los beneficios potenciales.

Shopify admite dropshipping y se integra con numerosas herramientas de proveedores como Spocket, Printful, Salehoo, Printify y Dropified.

Capitulo dos

El proceso de cumplimiento de pedidos de dropshipping: desde la compra del cliente hasta la entrega

Después de cubrir los principios y posibilidades del dropshipping en el capítulo anterior, este capítulo profundiza en la danza sutil del proceso de cumplimiento de pedidos de dropshipping. Describe la ruta de un pedido, desde el momento en que un consumidor hace clic en "comprar" en su sitio en línea hasta el momento en que los productos llegan a su puerta.

1.1. Un cliente realiza un pedido: El proceso comienza cuando un consumidor visita su tienda en línea, explora su selección de productos, agrega un artículo a su carrito y procede al pago. Durante este paso, es fundamental brindar una experiencia de pago segura y fácil de usar para garantizar un recorrido del consumidor fluido.

1.2. Procesamiento y envío de pedidos: Después de realizar un pedido con éxito, su empresa de dropshipping ocupa un lugar central. Recibirá un aviso de pedido con la información del cliente y los productos exactos comprados.

Estas son tus responsabilidades:

A) Verificación de pedidos y procesamiento de pagos: usted valida los datos del pedido, garantiza la seguridad del pago y puede realizar comprobaciones de fraude según sea necesario.

B) Reenvío de pedidos al proveedor: aquí es donde entra en juego la esencia del drop-shipping. Usted envía la información del pedido validada (incluida la información del cliente, las especificaciones del producto y las instrucciones de entrega) a su proveedor preferido.

1.3. Cumplimiento del proveedor: Una vez que el proveedor reciba su pedido, realizará las siguientes tareas:

A) Verificación de inventario: garantiza que el artículo solicitado esté en stock y listo para su cumplimiento.

B) Recogida y embalaje del producto: Ubique el producto en el almacén, selecciónelo con cuidado y embálelo de forma segura para un envío seguro.

C) Etiquetado y envío del pedido: aplican la etiqueta de envío adecuada, incluida la dirección del cliente y cualquier documento aduanero relevante (para pedidos extranjeros), luego envían el producto a través de su transportista preferido.

1.4. Seguimiento de pedidos y comunicación con clientes: Mientras que el proveedor se encarga del cumplimiento real, usted, como dropshipper, desempeña un papel importante a la hora de mantener informado al consumidor.

Detalles de confirmación y seguimiento del pedido: Envías al cliente un correo electrónico confirmando su compra, indicando el plazo de entrega previsto y un número de seguimiento (proporcionado por el proveedor) para que pueda comprobar el progreso de su paquete.

Servicio al Cliente: Usted actúa como el principal punto de contacto del cliente durante todo el proceso. Respondes a cualquier pregunta o inquietud que tengan sobre su pedido, estado de envío o posibles complicaciones.

1.5. Experiencia de entrega y poscompra:
El último paso incluye entregar el producto al consumidor. Una vez realizada la entrega, la experiencia del cliente es fundamental.

Como dropshipper, debes considerar lo siguiente:

A) Confirmación de Entrega: Para garantizar que el consumidor reciba su compra, envíele un aviso verificando la entrega.

B) Reseñas y comentarios de clientes: anime a los clientes a enviar reseñas en su sitio web o canal preferido. Estos comentarios son útiles para fortalecer la reputación de su tienda y reclutar nuevos consumidores.

1.6. Gestionar devoluciones y reembolsos: Incluso con la mayor preparación, eventos inesperados como daños en el producto, envíos incorrectos o descontento del cliente pueden provocar devoluciones. El capítulo examina cómo abordar esas circunstancias de manera eficaz.

Política de devolución clara: Tener una política de devoluciones claramente establecida en su sitio web establece expectativas y simplifica el proceso tanto para usted como para el cliente.

Comunicación de devolución: Crear un método de comunicación claro para que los consumidores soliciten devoluciones y obtengan reembolsos.

Colaboración con Proveedor: Dependiendo de las condiciones de su acuerdo, puede colaborar con su proveedor para gestionar el proceso de devolución y reembolso, brindando una experiencia fluida y satisfactoria para el consumidor.

Comprender y dominar el proceso de cumplimiento de pedidos de dropshipping le permite brindar una buena y fluida experiencia a sus consumidores, generando confianza y lealtad, que son componentes críticos para desarrollar una empresa de comercio electrónico exitosa. Este capítulo le proporcionará la información que necesita para manejar con éxito este componente crucial de su viaje de dropshipping.

Selección de nichos y productos: identificación de su segmento de mercado rentable

El éxito del dropshipping depende de seleccionar el nicho y los artículos correctos. Este capítulo le ayudará en el proceso de descubrir un nicho de mercado exitoso y elegir artículos que atraigan a su público objetivo.

2.1. Reconociendo el valor de la selección de nichos:

El capítulo comienza enfatizando la importancia de la selección de nichos en el dropshipping. Elegir una especialidad especializada le permite:

Diríjase a una audiencia específica: Al atender a un grupo de clientes bien definido con deseos y preferencias distintos, puede alinear mejor sus ofertas de productos, técnicas de marketing e identidad de marca general.

Reducir la competencia: En lugar de competir en un mercado abarrotado con varias marcas establecidas, concentrarse en un nicho le ayuda a destacar e incluso posicionarse como líder en el sector elegido.

Incrementar la experiencia y la autoridad de la marca: Centrarse en una determinada especialidad le ayuda a comprender mejor las demandas y preferencias de su mercado objetivo. Esto le permitirá establecerse como un experto en su campo, lo que le permitirá ganarse la confianza y la autoridad de sus consumidores.

2.2. Identificación de nichos rentables:

El capítulo le proporciona ideas y tácticas útiles para identificar nichos potencialmente rentables:

Investigación de Mercado y Análisis de Tendencias: Utilice herramientas de Internet, plataformas de redes sociales y revistas de la industria para encontrar nuevas tendencias, deseos de los clientes y categorías de productos populares. Observar cómo operan las marcas establecidas en otras áreas también puede proporcionar información útil.

Identificando tus pasiones y habilidades: Reflexione sobre sus propios intereses, pasatiempos y áreas de competencia. Elegir una especialización que le entusiasme puede ayudarle a mantenerse motivado e involucrado a largo plazo. Además, utilizar sus talentos y experiencia actuales podría crear una ventaja competitiva en esa área.

Evaluación de la rentabilidad del nicho: No base su decisión únicamente en la popularidad de un nicho. La competencia, los márgenes de los productos y los gastos de adquisición de clientes son consideraciones importantes para evaluar la rentabilidad. Antes de reducir su enfoque, utilice herramientas y recursos de Internet para examinar la rentabilidad potencial de los nichos que ha identificado.

2.3. Defina su público objetivo:

Una vez que haya descubierto un nicho potencial, este capítulo lo guiará a través del proceso de identificación de su público objetivo.

Demografía: Utilice la edad, el sexo, la geografía, el nivel económico y el empleo para crear una imagen clara de su consumidor ideal.
Psicografía: Explore los intereses, pasatiempos, creencias y áreas problemáticas de su público objetivo para comprender mejor sus motivaciones y necesidades. Comprender su "por qué" le permite crear mensajes de marketing atractivos que conecten con ellos.

2.4. Elija los productos ganadores:
Ahora viene la parte interesante: decidir qué cosas ofrecer dentro del nicho seleccionado. El capítulo le brinda un camino para tomar decisiones informadas sobre la selección de productos.

I)*Elementos para la resolución de problemas:*Busque elementos que resuelvan problemas u obstáculos particulares que experimente su público objetivo. Centrarse en las soluciones en lugar de las características le ayuda a construir una relación con sus clientes.

II)*Análisis de margen de beneficio:*Determine el margen de beneficio posible para cada producto, teniendo en cuenta el precio de venta, los costos de los proveedores y otros gastos relacionados. Para asegurar la viabilidad a largo plazo de su empresa, elija artículos con un margen de beneficio sólido.

III)*Demanda del mercado y competencia:*Determine el grado de demanda del mercado y competencia por los artículos en los que está pensando. Si bien una buena competencia indica una especialidad floreciente, demasiada rivalidad puede dificultar su distinción.

IV) *Tendencias y estacionalidad de los productos:*Piense en las tendencias actuales del mercado y la probable estacionalidad de los artículos que elija. Aprovechar la ola de tendencias puede aumentar las ventas, pero tenga cuidado con las modas pasajeras potencialmente efímeras.

EN)*Calidad y confiabilidad del proveedor:Aqa*Lleve a cabo la debida diligencia con posibles proveedores, evaluando la calidad de sus productos, los plazos de entrega, la reputación del servicio al cliente y las cantidades mínimas de pedido (MOQ) para garantizar una experiencia fluida y confiable.

2.5. Creación de una cartera de productos coherente

El capítulo se centra no sólo en artículos individuales, sino también en la importancia de desarrollar una cartera de productos unificada dentro del nicho seleccionado.

Bienes complementarios: Ofrezca productos que se complementen entre sí, animando a los clientes a comprar más cosas y aumentando el valor medio de sus pedidos.

Selección curada: Evite abrumar a sus consumidores con una oferta de productos demasiado amplia. En su lugar, cree una colección que satisfaga los deseos e intereses únicos de su público objetivo.

Mantener la relevancia de la marca: Asegúrese de que los artículos seleccionados coincidan con la identidad y el mensaje general de su marca, lo que dará como resultado una experiencia consistente y reconocible para sus consumidores.

Al dominar el arte de la selección de nichos y productos, establece el marco para una empresa de dropshipping exitosa. Este capítulo le proporciona la información y las tácticas que necesita para encontrar nichos lucrativos, definir su público objetivo y elegir artículos ganadores que conectarán con sus consumidores y contribuirán al éxito a largo plazo de su empresa de dropshipping.

Capítulo tres

Identificación de los proveedores ideales de dropshipping: formación de colaboraciones sólidas.

Para que su empresa de dropshipping tenga éxito, debe construir relaciones sólidas con proveedores confiables y dignos de confianza. Este capítulo explora el proceso de identificación de los proveedores de dropshipping ideales, sentando las bases para un procedimiento de cumplimiento eficaz y fluido que eventualmente dará como resultado clientes satisfechos y una empresa floreciente.

1.1. Seleccionar a los proveedores correctos es crucial: El primer punto del capítulo es enfatizar lo importantes que son los proveedores para su operación de dropshipping. Sirven como base de su proceso de realización y tienen una influencia directa en cosas como:

Calidad del producto: Sus clientes dependen de usted para que les proporcione productos de primera calidad. Los proveedores acreditados priorizan la confiabilidad y el control de calidad, lo que garantiza la satisfacción del cliente y reduce la posibilidad de devoluciones y malas críticas.

Confiabilidad y rapidez de envío: Para que los clientes queden satisfechos, las entregas deben realizarse a tiempo. Sus clientes recibirán sus productos a tiempo si elige proveedores con socios de envío confiables y procedimientos de envío efectivos.

Servicio al Cliente: Aunque usted, el dropshipper, es el primer punto de contacto de sus clientes, la calidad del servicio brindado por su proveedor puede afectar toda la experiencia. Asociarse con proveedores reconocidos por su excelente servicio al cliente garantiza que cualquier problema se resuelva de forma rápida y eficaz.

Precio y márgenes de beneficio: Sus márgenes de beneficio se ven directamente afectados por la cantidad que paga a su proveedor. Mantener márgenes de beneficio saludables en su empresa de dropshipping requiere negociar tarifas competitivas y tener en cuenta detalles como las cantidades mínimas de pedido (MOQ).

1.2. Localización de posibles proveedores de dropshipping: Este capítulo le brinda una serie de herramientas para encontrar posibles proveedores de dropshipping:

directorios de Internet: Los proveedores de dropshipping están listados y categorizados en una amplia gama de áreas en varios directorios de Internet. Utilice estos directorios como base para su investigación.

Investigación de la industria: Investigar empresas conocidas en el nicho que ha seleccionado podría exponer a sus proveedores o proporcionar pistas sobre proveedores confiables en su campo.

Exposiciones comerciales y mercados en línea: Puedes conocer posibles proveedores de dropshipping asistiendo a exposiciones comerciales del sector o buscando en mercados online como Alibaba o Sprocket.

Redes sociales y reseñas en línea: Comuníquese con otros dropshippers en sitios de redes sociales como grupos de Facebook o LinkedIn para obtener sugerencias sobre proveedores confiables.

1.3. Evaluación de proveedores que realizan envíos directos: Luego de la identificación de posibles proveedores, el capítulo lo guía a través de un riguroso proceso de evaluación para asegurarse de que cumplan con sus requisitos como empresa:

*Calidad y gama del producto:** Evalúe las ofertas del proveedor para asegurarse de que la calidad cumpla con los requisitos de su marca y los de sus clientes. Examine la gama de artículos disponibles para ver si se alinean con la cartera de productos que tiene en mente.

Tarifas de envío y tiempos de entrega: Examine los tiempos de entrega esperados y los costos de envío proporcionados por varios proveedores. Para seguir siendo competitivo y ofrecer a sus clientes expectativas de envío realistas, esta información es esencial.

Mínimo de ordenanza (MOQ): Toma nota de las cantidades mínimas de pedido (MOQ) que cada proveedor ha establecido. Estos pueden afectar la forma en que administra su inventario y flujo de caja, especialmente si está comenzando con un presupuesto ajustado.* Condiciones de pago y políticas de devolución: reconozca las condiciones de pago del proveedor, incluidos los plazos y los modos de pago. Consulte también sus políticas de devolución para asegurarse de que sean claras y amables con los clientes.

Atención al cliente: Evaluar el nivel de excelencia en el servicio al cliente del posible proveedor. Esto se puede lograr hablando con ellos directamente, buscando reseñas en Internet o viendo qué tan rápido responden a las consultas de los clientes.

1.4. Establecimiento de conexiones sólidas con proveedores: El capítulo enfatiza la necesidad de establecer relaciones sólidas y duraderas con los proveedores además de localizarlos. Las siguientes son algunas tácticas cruciales:

Comunicación y expectativas claras: Cree canales de comunicación claros y establezca expectativas para el procesamiento de pedidos, la calidad del producto y los cronogramas de entrega.

Comunicación y colaboración regulares: Manténgase en contacto constante con sus proveedores para discutir posibles problemas con anticipación, buscar nuevas oportunidades de productos y construir una relación de cooperación.

Pagos puntuales y actualizaciones de pedidos: Asegúrese de que los pagos se realicen a tiempo y brinde actualizaciones precisas de los pedidos para mantener contentos a sus proveedores. Puede encontrar y trabajar con proveedores confiables de dropshipping que compartan su dedicación a la eficiencia, la calidad y el placer del cliente siguiendo los consejos de este capítulo.

Establecer conexiones sólidas y cooperativas con sus proveedores es crucial para garantizar el perfecto funcionamiento de su negocio de dropshipping y sentar las bases para una prosperidad sostenida.

Construyendo su negocio de dropshipping: configurando su tienda de dropshipping: eligiendo la plataforma y el diseño adecuados

Tu tienda online sirve como sala de exposición virtual para tu empresa de dropshipping, conectándote con posibles clientes y mostrando tu gama de productos. Este capítulo lo guía a través de los pasos críticos para elegir la mejor plataforma y crear una tienda estéticamente agradable y fácil de usar que genere confianza en los consumidores y los motive a realizar compras.

Seleccionar el mercado de dropshipping adecuado:

Al principio del capítulo se enfatiza la necesidad de elegir la plataforma adecuada para crear su negocio de dropshipping. Hay muchas plataformas disponibles, cada una con características, desventajas y estructuras de costos únicas. Al seleccionar su elección, tenga en cuenta las siguientes consideraciones importantes:

Facilidad de uso: Para facilitar el establecimiento y la administración de su negocio si es nuevo en el comercio electrónico, tenga en cuenta las plataformas reconocidas por sus funciones intuitivas y su diseño fácil de usar.

Características y funcionalidades: Considere las características que ofrece cada plataforma, incluidas funciones de SEO integradas, alternativas de pasarela de pago, conectores de marketing y herramientas de gestión de productos. Seleccione una plataforma en función de los requisitos de su empresa ahora y en el futuro.

Precios y escalabilidad: Examine los esquemas de precios de las distintas plataformas, teniendo en cuenta tanto las tarifas recurrentes como los gastos de transacción. Asegúrese de que la plataforma que elija pueda manejar la expansión de su empresa y el aumento de los volúmenes de ventas a medida que crece.

App Marketplace e integraciones: Numerosos sistemas permiten interfaces con diversos servicios externos, como compañías de envío, software de contabilidad y herramientas de marketing por correo electrónico. Además, verifique si los mercados de aplicaciones en cada plataforma tienen características y extensiones que se alinean con los requisitos de su empresa.

1.2. Mercados de dropshipping conocidos:

El capítulo ofrece un resumen rápido de algunos sitios web de dropshipping conocidos, enfatizando sus características destacadas y sus bases de clientes previstas:

Comprar: Esta plataforma, muy apreciada y accesible, es reconocida por su escalabilidad, su amplio mercado de aplicaciones y su simplicidad de uso.

** *Woo Comercio:* ** es una plataforma gratuita y de código abierto que ofrece más libertad y personalización, pero requiere más conocimientos técnicos para su configuración y mantenimiento.

Gran Comercio: Un amplio conjunto de funciones, un diseño escalable para empresas más grandes y herramientas de SEO integradas caracterizan esta plataforma rica en funciones.

Bolsillo: Una plataforma centrada en el dropshipping que incluye herramientas de abastecimiento de productos, automatización del cumplimiento de pedidos y conectores directos de proveedores.

1.3. Creación de un sitio web de dropshipping exitoso:

El capítulo profundiza en los componentes cruciales de la creación de un negocio de dropshipping que convierta una vez que haya seleccionado su plataforma:

Diseño profesional y fácil de usar: Haga una inversión en un diseño amigable para el cliente, limpio y bien organizado. Asegúrese de que su sitio web sea compatible con dispositivos móviles y se cargue rápidamente.

Excelentes fotos y descripciones de productos: Utilice excelentes fotografías de productos y descripciones cautivadoras de productos que resalten de manera efectiva los atributos y ventajas de sus ofertas.

Llamados a la acción (CTA) inequívocos: Con llamadas a la acción que sean obvias y llamativas, como los botones "Agregar al carrito" o "Comprar ahora", puede ayudar a sus clientes durante el proceso de compra.

Componentes confiables: Establezca credibilidad con sus clientes mostrando respaldos, reseñas y detalles de contacto de fácil acceso. Asegúrese de que su sitio web también cuente con las medidas de seguridad adecuadas.

Consistencia de marca: Para establecer una identidad de marca distintiva y memorable, mantenga consistentes el diseño, la marca y el mensaje de su tienda.

1.4. Pensamientos adicionales sobre el diseño:

El capítulo describe otros factores a tener en cuenta al diseñar su tienda de dropshipping:

Diseño compatible con dispositivos móviles: En el mundo actual en el que los dispositivos móviles son prioritarios, asegurarse de que su sitio web responda a varios tamaños de pantalla y se ajuste fácilmente a ellos es esencial para atraer visitantes móviles y generar ingresos.
Optimización de motores de búsqueda (SEO): Para elevar la calificación de su sitio web en los motores de búsqueda y aumentar la cantidad de tráfico orgánico que puede generar, aplique las mejores prácticas fundamentales de SEO a las páginas y al contenido de sus productos.
Recuperación de cesta abandonada: Para recuperar a los posibles consumidores que

añaden productos a su carrito pero abandonan la transacción, piense en poner en práctica tácticas de recuperación de carritos abandonados.

Puede crear una tienda de dropshipping que no solo se vea genial sino que también convierta a los visitantes en clientes de pago, lo que aumentará en gran medida el éxito de su empresa de dropshipping. Esto se puede lograr seleccionando cuidadosamente la plataforma adecuada, poniendo énfasis en la experiencia del usuario y poniendo en práctica las mejores prácticas de diseño.

Capítulo cuatro

Desarrollo de su empresa de dropshipping: estrategias de ventas y marketing de dropshippers: atraer clientes y aumentar los ingresos

En el despiadado mundo de las compras en línea, la capacidad de una empresa de dropshipping para atraer clientes y aumentar los ingresos es esencial. Este capítulo le proporciona técnicas prácticas de marketing y ventas que pueden ayudarle a generar clientes potenciales, aumentar el reconocimiento de la marca y, finalmente, convertir a los visitantes del sitio web en clientes leales.

1.1.Adquirir conocimiento del entorno de marketing: Al comienzo del capítulo se enfatiza la necesidad de comprender el entorno de marketing en constante cambio. Enumera varias vías y estrategias de marketing,

enfatizando sus ventajas y posibles usos para las empresas de dropshipping:

comercialización de materiales: Producir material revelador y útil, como artículos de blog, videos o publicaciones en redes sociales, puede atraer nuevos clientes, posicionar a su empresa como líder de la industria y mejorar la calificación de su sitio web en los motores de búsqueda.

Marketing en redes sociales: Para interactuar con su mercado objetivo, promocionar sus productos y aumentar el reconocimiento de la marca, utilice sitios de redes sociales conocidos como Facebook, Instagram y TikTok.

Marketing por correo electrónico: Cree una lista de correo electrónico y ejecute campañas por correo electrónico para generar clientes potenciales, anunciar nuevos artículos y ofrecer a los clientes actuales ofertas únicas.

Publicidad pagada: Para dirigirse a ciertos grupos demográficos y llegar a una audiencia más amplia, tenga en cuenta las opciones de publicidad paga a través de plataformas como Google Ads, Facebook Ads o Instagram Ads.

Optimización de motores de búsqueda (SEO): Al incorporar las mejores prácticas de SEO en su sitio web, puede elevar su posición orgánica en los motores de búsqueda y atraer visitantes que buscan información o artículos relacionados con su negocio.

1.2. *Aumento del conocimiento de las marcas:* El capítulo enfatiza la necesidad de crear una identidad de marca que se extienda más allá de la promoción del producto. Aquí hay varios métodos para que esto suceda:

***Cree una identidad de marca clara y consistente:* Asegúrese de que su logotipo, paleta de colores, mensaje y personalidad general de la marca sean coherentes en todas sus plataformas de marketing.

Narrativa y creación de materiales: No te concentres sólo en las características de tu producto; en su lugar, cree cuentos cautivadores y proporcione material interesante que conecte con su público objetivo. Esto fomenta la lealtad a la marca y la conexión emocional.

Colaboración y marketing de influencers: Para aumentar su alcance y obtener acceso a audiencias de personalidades conocidas, únase a personas influyentes relevantes en su sector o participe en reuniones de la industria.

1.3. Técnicas exitosas de venta de dropshipping: El capítulo profundiza en ciertas técnicas de venta para convertir a los visitantes del sitio web en clientes de pago más allá del conocimiento de la marca:

Fotografías de alta calidad y descripciones de productos cautivadoras: Haga una inversión en fotografías de productos de alta calidad y cree descripciones de productos cautivadoras que llamen la atención sobre las características y ventajas de sus ofertas y, al mismo tiempo, aborden cualquier posible problema planteado por los clientes.

Publicación de llamados a la acción (CTA): Asegúrese de que su sitio web tenga llamadas a la acción obvias y llamativas, como los botones "Agregar al carrito" o "Comprar ahora", para facilitar a los consumidores la realización de la acción prevista.

Promociones y Descuentos: Para fomentar las compras e infundir una sensación de urgencia, utilice promociones y descuentos bien planificados, como ofertas por tiempo limitado o especiales de temporada.

Testimonios y reseñas de clientes: Publicar reseñas y testimonios gratificantes de los clientes ayuda a aumentar la prueba social y la confianza, lo que a su vez anima a los posibles compradores a realizar una compra en su tienda.

Excelente servicio al cliente: Durante todo el proceso de compra, ofrecer un excelente servicio al cliente genera confianza y lealtad, promoviendo negocios recurrentes y excelentes referencias de boca en boca.

1.4. Examinar y mejorar las iniciativas de marketing: El capítulo enfatiza lo crucial que es monitorear y evaluar sus iniciativas de marketing para evaluar su éxito y realizar las modificaciones necesarias para el desarrollo continuo. Utilice las herramientas de análisis proporcionadas por la plataforma de su elección o servicios externos para:

Seguimiento del tráfico del sitio web y las tasas de conversión: Compruebe de dónde provienen los visitantes y cómo utilizan su sitio para ver dónde puede realizar mejoras.

Supervise el rendimiento de sus campañas de marketing: examine la eficiencia de varios canales de marketing y modifique sus tácticas para aprovecharlos al máximo en términos de retorno de la inversión (ROI).

Análisis del comportamiento del cliente: Conozca las preferencias y el comportamiento de sus clientes para mejorar la experiencia general de sus clientes, adaptar sus mensajes de marketing y mejorar sus ofertas de productos.

Es posible atraer clientes potenciales, convertirlos en clientes de pago y, eventualmente, aumentar los ingresos de su empresa de dropshipping combinando las técnicas de marketing y ventas que se tratan en este capítulo. Recuerde que para mantenerse a la vanguardia en el siempre cambiante mundo del comercio electrónico, crear un negocio en línea exitoso requiere trabajo constante, toma de decisiones basada en datos y optimización continua.

Capítulo Cinco

Gestión y expansión de su empresa de dropshipping: recursos y herramientas cruciales para dropshipping: cómo poner en orden sus operaciones

Después de sentar las bases para su empresa de dropshipping, este capítulo explora las herramientas y recursos vitales que pueden ayudarlo a optimizar sus procesos, aumentar la productividad y, eventualmente, liberar tiempo para concentrarse en expandir su negocio.

1.1. *El valor de hacer uso de herramientas y recursos:* **Al comienzo del capítulo se enfatiza la necesidad de aprovechar la tecnología y hacer uso de las herramientas y recursos disponibles. Estos pueden aumentar en gran medida la productividad, automatizar trabajos tediosos y liberar su tiempo importante para que pueda concentrarse en estrategias críticas de desarrollo comercial para su empresa de dropshipping.

1.2.Herramientas para la Gestión de Inventario: La gestión eficaz del inventario es esencial para toda empresa de dropshipping. El capítulo examina muchos instrumentos que pueden utilizarse para acelerar este procedimiento:

Software de gestión de inventario: Con la ayuda de estas herramientas, puede reducir la posibilidad de sobreventa o desabastecimiento al realizar un seguimiento de los niveles de existencias en tiempo real, recibir advertencias de existencias bajas y sincronizar la información del inventario con sus proveedores.

Soluciones de gestión de pedidos (OMS): Estas soluciones integrales garantizan una experiencia impecable para el cliente al automatizar el procesamiento de pedidos, monitorear el cumplimiento de los pedidos y proporcionar información de seguimiento de envíos en tiempo real.

**1.3. *Herramientas de marketing y análisis:* **El éxito requiere tanto marketing como análisis de desempeño.

Este capítulo describe varios recursos importantes en los que pensar, como por ejemplo:

Plataformas de marketing por correo electrónico: Aproveche las plataformas intuitivas para desarrollar y supervisar campañas de correo electrónico, cultivar clientes potenciales e interactuar con su audiencia a través de mensajes enfocados.

Herramientas de gestión de redes sociales: Con la ayuda de estas herramientas, es más fácil monitorear las interacciones de los consumidores, analizar la actividad de las redes sociales y programar publicaciones en muchas plataformas.

*Herramientas de informes y análisis:*Utilice herramientas de análisis para obtener más información sobre el comportamiento del consumidor, el tráfico del sitio web y la eficacia de las campañas de marketing. Estos conocimientos le ayudarán a tomar decisiones basadas en datos que maximizarán su retorno de la inversión (ROI) y optimizarán sus tácticas de marketing.

Herramientas para el servicio al cliente

Establecer confianza y cultivar la lealtad requiere un excelente servicio al cliente. Este capítulo analiza formas de mejorar sus habilidades de servicio al cliente:

A. Software de chat en vivo: utilice las funciones de chat en vivo para brindarles a sus clientes ayuda en tiempo real para que pueda manejar sus preguntas de manera rápida y efectiva.

B. Sistemas de emisión de tickets: utilice sistemas de emisión de tickets para gestionar eficazmente las solicitudes de atención al cliente, supervisar el estado de las resoluciones y garantizar que no quede ninguna pregunta sin respuesta.

Recursos y herramientas adicionales: Además de las categorías enumeradas anteriormente, el capítulo profundiza en otros recursos que podrían mejorar su experiencia de dropshipping.

   A. Herramientas de investigación de dropshipping: utilice herramientas diseñadas especialmente para empresas de dropshipping para encontrar proveedores acreditados, estudiar rivales e identificar artículos populares.
   B. Herramientas de automatización de comercio electrónico: libere tiempo para la planificación estratégica y el

crecimiento de la empresa mediante la automatización de procesos repetitivos como el procesamiento de pedidos, la publicación en redes sociales y las campañas de marketing por correo electrónico.

C. Recursos educativos: a través de clases en línea, revistas especializadas y grupos de comercio electrónico, manténgase informado sobre los últimos avances en el sector del dropshipping, incluidas las mejores prácticas, cuestiones legales y tendencias emergentes.

D. Selección de herramientas adecuadas: Con tantas herramientas a su disposición, el capítulo enfatiza lo importante que es elegir las que mejor se adapten a sus objetivos y presupuesto. Al evaluar y elegir qué herramientas incorporar a sus operaciones de dropshipping, tenga en cuenta variables como el tamaño de su empresa, el presupuesto, el nivel de habilidad técnica y las funciones requeridas.

Implementación y utilización efectiva de herramientas:No basta con tener las herramientas adecuadas; también es necesario utilizarlos de manera eficiente. Como sugiere el texto, deberías:

Comience con lo esencial: a medida que su empresa se expanda, agregue progresivamente herramientas críticas adicionales comenzando con algunas que satisfagan sus demandas más urgentes.

Haga una inversión en soporte y capacitación: Asegúrese de saber cómo utilizar las herramientas seleccionadas de manera eficiente. Utilice los tutoriales, materiales de capacitación y asistencia al cliente que los proveedores de herramientas tienen disponibles.

** Realice un seguimiento y cuantifique el impacto:** Examine cómo las herramientas que ha introducido están afectando el rendimiento de su empresa de forma regular. Esto le permite identificar áreas que necesitan desarrollo y modificar su estrategia según sea necesario. Puede adquirir conocimientos importantes, automatizar el trabajo monótono, simplificar operaciones y liberar tiempo para concentrarse en las partes estratégicas de la expansión de su empresa de dropshipping utilizando las herramientas adecuadas. y recursos. Para tener éxito a largo plazo en el siempre cambiante mundo del comercio electrónico, necesitará aprender, adaptarse y utilizar la tecnología continuamente.

Administrar y expandir su empresa de dropshipping

Una guía completa para el éxitoDespués de cubrir los aspectos esenciales y las características principales del dropshipping en los capítulos anteriores, esta parte explora el proceso continuo de gestión y expansión de su empresa de dropshipping. Le brinda los conocimientos y las tácticas que necesita para manejar las operaciones diarias, optimizar su flujo de trabajo y, finalmente, llevar a su empresa al éxito a largo plazo.

1.1. Establecimiento de una empresa de dropshipping a largo plazo: La primera sección del capítulo destaca los elementos esenciales que intervienen en la creación de un negocio de dropshipping exitoso y duradero:

Preste atención a la satisfacción del cliente: Haga que brindar atención al cliente de primer nivel durante todo el proceso de compra sea su máxima prioridad. Esto implica comunicarse con los clientes con prontitud, responder sus preguntas de manera efectiva y satisfacer sus inquietudes. Los negocios recurrentes y las referencias de boca en boca favorables dependen en gran medida de desarrollar la confianza y brindar excelentes experiencias a los clientes.

Educación y desarrollo continuos: El mundo del comercio electrónico siempre está cambiando. Comprométase con el aprendizaje permanente manteniéndose al tanto de los requisitos reglamentarios, los desarrollos de la industria y las mejores prácticas. Utilice las herramientas a su disposición, como grupos en línea, revistas de la industria y cursos, para ampliar sus conocimientos y modificar sus enfoques para lograr el éxito.

Toma de decisiones basada en datos: No dependa únicamente de sus instintos. Utilice el potencial del análisis de datos para aprender más sobre el comportamiento del consumidor, el tráfico del sitio web y la eficacia de las campañas de marketing. Para maximizar sus ofertas de productos, planes de marketing y operaciones generales de la empresa, tome decisiones basadas en datos.

1.2 Consideraciones legales y financieras de los dropshippers: Este capítulo aclara importantes factores financieros y legales a tener en cuenta al administrar su negocio de dropshipping:

Formación de empresas y licencias: Según su ubicación y tipo de negocio, es posible que deba registrar su empresa y obtener las licencias o permisos necesarios para poder operar legalmente.

Impuestos y Regulaciones: Reconozca sus responsabilidades fiscales y asegúrese de cumplir con todas las leyes aplicables, incluidas las leyes de importación/exportación si sus proveedores tienen su sede en el extranjero.

Gestión financiera: Utilice buenas técnicas de gestión financiera, como llevar libros minuciosos, realizar un seguimiento de sus gastos y vigilar su flujo de caja, para salvaguardar la estabilidad financiera de su empresa.

1.3. Estableciendo una sólida red de soporte:

Ser un dropshipper exitoso no tiene por qué ser un espectáculo de una sola persona. El capítulo le aconseja crear una red de aliados para ayudarle en su viaje.

Trabajando en red con otros dropshippers: Utilice foros o grupos en línea para ponerse en contacto con otros dropshippers. Cree una red de personas que compartan sus intereses intercambiando experiencias y aprendiendo de los triunfos y reveses de cada uno.

Contratación de autónomos o asistentes virtuales: A medida que su empresa crece, piense en contratar autónomos o asistentes virtuales para que se encarguen de tareas como la generación de contenido, la atención al cliente y la investigación de productos para liberar tiempo para el crecimiento empresarial y la planificación estratégica.

8.4. Ampliando su empresa de comercio electrónico:A medida que su empresa se expande, este capítulo ofrece una hoja de ruta para un escalamiento efectivo:

Ampliando su cartera de productos: Piense detenidamente en la introducción de nuevos elementos que mejoren su línea de negocio actual y satisfagan las demandas cambiantes de su mercado objetivo.

Explorando nuevos mercados: Investigue un poco y piense en llegar a nuevas áreas a través de materiales de marketing y traducciones de sitios web o asociaciones con centros logísticos locales.

Optimización de sus operaciones: Evalúe y mejore sus procedimientos operativos periódicamente. Optimice los procesos, aumente la productividad y libere tiempo para concentrarse en objetivos clave de crecimiento mediante el uso de tecnología y automatización.

Observaciones finales: El camino del desarrollo continuo: Para concluir, el capítulo enfatiza que el dropshipping es un camino de aprendizaje, adaptación y desarrollo continuo, como cualquier otro esfuerzo empresarial. Puede construir una base sólida, superar obstáculos y atravesar con éxito el siempre cambiante mundo del comercio electrónico poniendo en práctica las tácticas y mejores prácticas descritas a lo largo de este libro. Esto le ayudará a hacer crecer su empresa de dropshipping con el tiempo. Recuerde que la perseverancia, la educación interminable y la capacidad de adaptarse al mercado del comercio electrónico en constante cambio son las claves del éxito.

Capítulo seis

Ampliar y aumentar su empresa de dropshipping: fórmulas de éxito a largo plazo.

Una vez que haya sentado las bases para que su empresa de dropshipping tenga éxito, este capítulo explora tácticas a largo plazo para lograr un desarrollo constante y expandir su organización. Le brinda conocimientos y estrategias útiles para ayudarlo en el emocionante pero difícil proceso de hacer crecer su empresa y establecer su nombre en la industria del comercio electrónico.

1.1. Darse cuenta de lo importante que es el escalamiento: en la primera sección del capítulo se enfatiza la necesidad de hacer crecer su empresa de dropshipping después de su primer éxito. Al escalar, puedes:

    A. *Impulsar las ventas y la rentabilidad:* Ampliar su base de clientes y tal vez aumentar su volumen de ventas le ayudará a generar más ingresos y ganar más dinero.

B. *Mejorar el reconocimiento de marca:* Llegar a una audiencia más amplia le ayudará a ser más conocido en su nicho al aumentar el conocimiento y el reconocimiento de la marca.

C. *Optimice la eficiencia y el apalancamiento:* Puede ahorrar costos y mejorar el rendimiento general de la empresa al escalar sus operaciones y la utilización de recursos de manera más efectiva.

1.2. Formulación de un plan de expansión:A lo largo del capítulo se enfatiza la necesidad de desarrollar un plan de desarrollo claro antes de comenzar el proceso de ampliación. Este enfoque debería:

A. Defina su visión a largo plazo: establezca claramente los objetivos a largo plazo de su empresa de envío directo. ¿Qué espera que le deparen los próximos años a su empresa?

B. Identifique oportunidades de expansión: ya sea haciendo crecer su línea de productos, buscando nuevos mercados o investigando otros métodos de ventas, puede haber posibilidades de expansión que puede descubrir con una cuidadosa investigación de mercado.

C. Analice sus recursos: examine sus recursos actuales, como finanzas, fuerza laboral y capacidad operativa, para ver si es factible poner en práctica la estrategia de desarrollo seleccionada.

D. Defina objetivos SMART: para su plan de desarrollo, utilice el marco SMART para definir objetivos que sean precisos, cuantificables, realistas, pertinentes y con plazos determinados. Esto garantiza que sus iniciativas de escalamiento tengan dirección y claridad.

1.3. Técnicas esenciales para hacer crecer su empresa de dropshipping: El capítulo profundiza en ciertas tácticas que podría utilizar para escalar con éxito:

A. Creación de su cartera de productos: agregue gradualmente nuevos artículos a su línea que mejoren lo que ya tiene y aborden las demandas y preferencias cambiantes de su mercado objetivo. Encuentre un equilibrio entre lanzar nuevos artículos y asegurarse de que su línea de productos actual sea rentable y del más alto calibre.

B. Explorar otros mercados: investigue un poco y piense en llegar a otras áreas. Para atender de manera eficiente a los clientes del extranjero, esto podría incluir la traducción de su sitio web y materiales de marketing o la colaboración con instalaciones logísticas locales.

C. Optimización de sus esfuerzos de marketing: realice mejoras constantes en sus tácticas de marketing para ampliar su audiencia y atraer nuevos clientes. Utilice el análisis de datos para determinar qué canales de marketing son más exitosos para su empresa y modifique su presupuesto de manera adecuada.

D. Creación de lealtad a la marca: para promover la repetición de negocios y referencias de boca en boca favorables, cultive conexiones sólidas con los clientes brindando un excelente servicio al cliente, introduciendo programas de lealtad y poniendo en práctica tácticas de marketing personalizadas.

E. Aprovechamiento de la tecnología y la automatización: utilice la automatización y las herramientas tecnológicas para aumentar la productividad, optimizar los procesos y liberar tiempo para proyectos estratégicos de crecimiento. Esto podría incluir el uso de chatbots para atención al cliente, herramientas de marketing automatizadas o tecnologías de gestión de inventario.

F. Formar Alianzas Estratégicas: Considere colaborar con empresas de sectores afines o de su área de especialización. Para aumentar su alcance y clientela, esto puede incluir trabajar juntos en iniciativas de marketing, buscar posibilidades de promoción cruzada o investigar acuerdos de dropshipping con otras empresas.

G. Invertir dinero en su marca: a medida que su empresa crece, invierta en crear una identidad de marca distintiva y poderosa. Esto implica crear una voz de marca unificada, comprar suministros de marca premium y establecer una presencia web creíble.

1.4. Obstáculos en el escalamiento y formas de superarlos: El capítulo aborda algunas de las muchas dificultades que pueden surgir durante el escalado, entre ellas:

A. Gestión de la mayor complejidad del inventario: para realizar un seguimiento de los niveles de existencias, mantener la calidad del producto y evitar desabastecimientos, ampliar la variedad de productos requiere soluciones efectivas de gestión de inventario.

B. Mantener la calidad del servicio al cliente: a medida que su clientela se expande, se vuelve más importante mantener un alto nivel de atención al cliente en todas las interacciones. Para gestionar las preguntas típicas, piense en aumentar su personal de atención al cliente o introducir soluciones de autoservicio como preguntas frecuentes o chatbots.

C. Comercialización y llegada a una audiencia más amplia: se necesitan métodos de marketing mejorados y tal vez mayores gastos de marketing para llegar con éxito a una audiencia más amplia y atraer nuevos clientes.

D. Mantener la eficiencia operativa: es fundamental mantener las operaciones funcionando sin problemas a medida que su empresa crece. Esto implica monitorear sus operaciones de manera regular, detectar cuellos de botella y automatizar todo lo que pueda.

1.5. Pensamientos finales: el camino hacia el logro prolongado:

El último punto que se aborda en el capítulo es que hacer crecer su empresa de dropshipping es un proceso continuo que requiere compromiso, flexibilidad y disposición para cambiar y crecer. Puede superar con éxito los obstáculos del crecimiento y crear un camino hacia el éxito a largo plazo en el dinámico mundo del comercio electrónico poniendo en práctica las tácticas descritas en este libro, vigilando su progreso y haciendo ajustes basados en los comentarios de los consumidores. y tendencias del mercado.

Estudios de caso sobre dropshipping: adquirir conocimientos de empresas prósperas

Una apreciación de las experiencias de empresas exitosas de dropshipping puede proporcionar a los posibles propietarios de empresas conocimientos y motivación profundos. Al analizar sus tácticas, logros e incluso contratiempos, puedes aprender mucho y crear un plan para tu propio negocio de dropshipping.

A continuación se muestran varios ejemplos de empresas de dropshipping exitosas, junto con algunas lecciones importantes aprendidas de sus experiencias:

1. Tiburones de la nube: El producto son las pantuflas con forma de tiburón.

Factores de éxito:

Producto único: Ganó dinero capitalizando un producto que tenía gran demanda y poca competencia.***Potente marketing en redes *sociales:** Llegó a una amplia audiencia mediante el uso de plataformas como Facebook Ads, marketing de Instagram y marketing de TikTok.

Identidad de marca resonante: Creé una voz e imagen de marca distintivas que conectaban con su mercado objetivo.

2. Bala con Fruta:

Producto: una pequeña licuadora de frutas Factores de éxito: hizo uso de las capacidades de marketing viral de TikTok para obtener un impulso temprano y una atención general.

Sitio web optimizado para dispositivos móviles: Garantiza una experiencia de usuario fluida para los consumidores que navegan y compran en dispositivos móviles.

Marketing dirigido: Esfuerzos de marketing concentrados en plataformas frecuentadas por su público objetivo, como adultos jóvenes y entusiastas de la salud.

3. Producto: Artículos de cocina y menaje sostenibles * Factores de éxito:

** Enfoque de nicho: **Diseñado para atraer a un mercado determinado que está cada vez más interesado en productos ecológicos. **Surtido de productos excepcional:** dio prioridad al abastecimiento ético y la calidad, fomentando una relación de confianza con su clientela.

Contenido de marketing: fue autor de entradas de blog interesantes y educativas y publicaciones en redes sociales sobre sostenibilidad, atrayendo tráfico natural e instruyendo a su audiencia.

Lecciones importantes de estos estudios de caso

Identificar un nicho: especialmente para las nuevas empresas de dropshipping en una industria concurrida, centrarse en una clientela especializada con ciertas demandas o intereses puede ser un enfoque rentable.

Aprovechar el marketing en redes sociales: se puede llegar a una gran audiencia y aumentar el reconocimiento de la marca haciendo un gran uso de los sitios de redes sociales como Facebook, Instagram y TikTok.

Crear una identidad de marca poderosa: diferenciar su marca de la competencia y conectarse con su mercado objetivo es posible mediante el desarrollo de una imagen y una voz de marca distintivas.

Poner la experiencia del cliente en primer plano: establecer confianza y fomentar la lealtad del cliente requiere ofrecer artículos premium, un servicio al cliente de primer nivel y un sitio web fácil de usar.

Flexibilidad y educación continua: El mundo del comercio electrónico siempre está cambiando. El éxito a largo plazo requiere ser flexible frente a las tendencias, tomar nota de las prácticas de las empresas exitosas y realizar su propio análisis de datos. Estas son solo algunas de las varias empresas de dropshipping que han tenido éxito utilizando diferentes tácticas y métodos. Al examinar sus narrativas, identificar los conocimientos aplicables e incorporarlos a su propia estrategia comercial, puede mejorar sus perspectivas de triunfar en el fascinante y cambiante ámbito del dropshipping.

www.ingramcontent.com/pod-product-compliance
Lightning Source LLC
Chambersburg PA
CBHW070804290526
45795CB00002B/620